MW01527457

Tilman Röhrig
Die wirklich wahre Weihnacht

Tilman Röhrig

Die wirklich wahre Weihnacht

Illustrationen von Sameena Jehanzeb

Droste Verlag

Bibliografische Informationen der Deutschen Nationalbibliothek
Die Deutsche Nationalbibliothek verzeichnet diese
Publikation in der Deutschen Nationalbibliografie;
detaillierte bibliografische Daten sind im Internet über
http://dnb.d-nb.de abrufbar.

Gesamtgestaltung: SaJe Design, Leverkusen
Druck und Bindung: CPI – Clausen & Bosse, Leck
ISBN 978-3-7700-1357-9

www.drosteverlag.de

*E*s begab sich aber zu der Zeit,
daß ein Gebot ausging vom
Kaiser Augustus, daß alle Welt
geschätzt würde.
Und diese Schätzung war die allererste
und geschah zu der Zeit, da Cyrenius
Landpfleger in Syrien war.
Und jedermann ging, daß er sich
schätzen ließe, ein jeglicher in seine Stadt.
Da machte sich auch auf Joseph aus Galiläa,
aus der Stadt Nazareth,
in das jüdische Land zur Stadt Davids,
die da heißt Bethlehem,
darum daß er vom Hause Davids war.
Auf daß er sich schätzen ließe,
mit Maria seinem vertrauten Weibe.

Bis dahin stimmt alles. Bis dahin hat die Bibel noch recht. Aber von da an begann das Unrecht.

Ich meine das Unrecht unserer Art

und unserem Geschlecht gegenüber.

An jenem 24. Dezember im Jahre minus
eins hat die Weltgeschichte uns Stieren
die Möglichkeit genommen, berühmt zu
werden, weil sie uns einfach nicht beachtete.

Ich bin kein Wichtigtuer, im Gegenteil, ich bin ein bescheidener, nicht ganz dummer, aber sehr erfolgreicher Zuchtbulle aus Köln-Worringen. Ich kann nicht länger schweigen. Die Welt muss endlich die wirkliche Wahrheit über dieses Weihnachten erfahren, das bin ich all meinen missachteten Vorfahren schuldig.

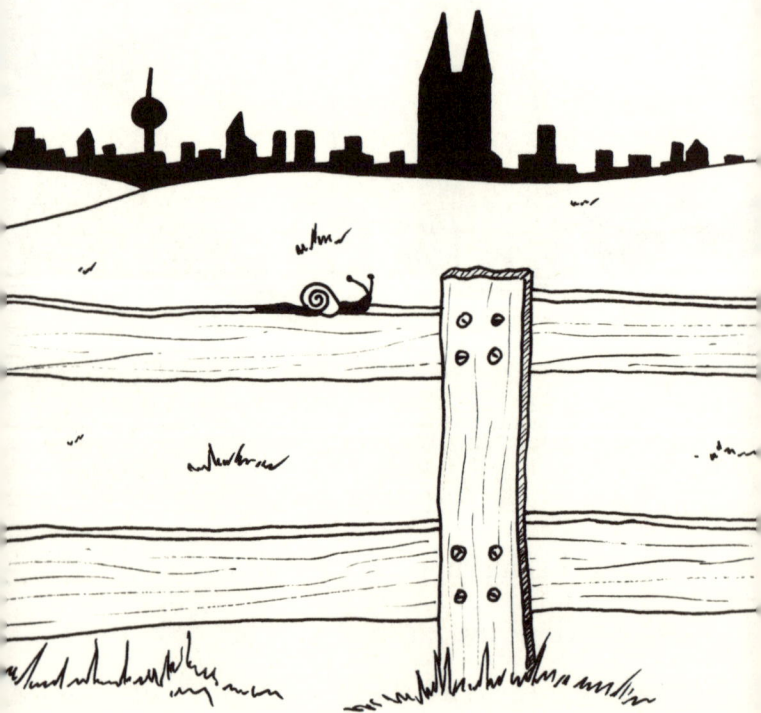

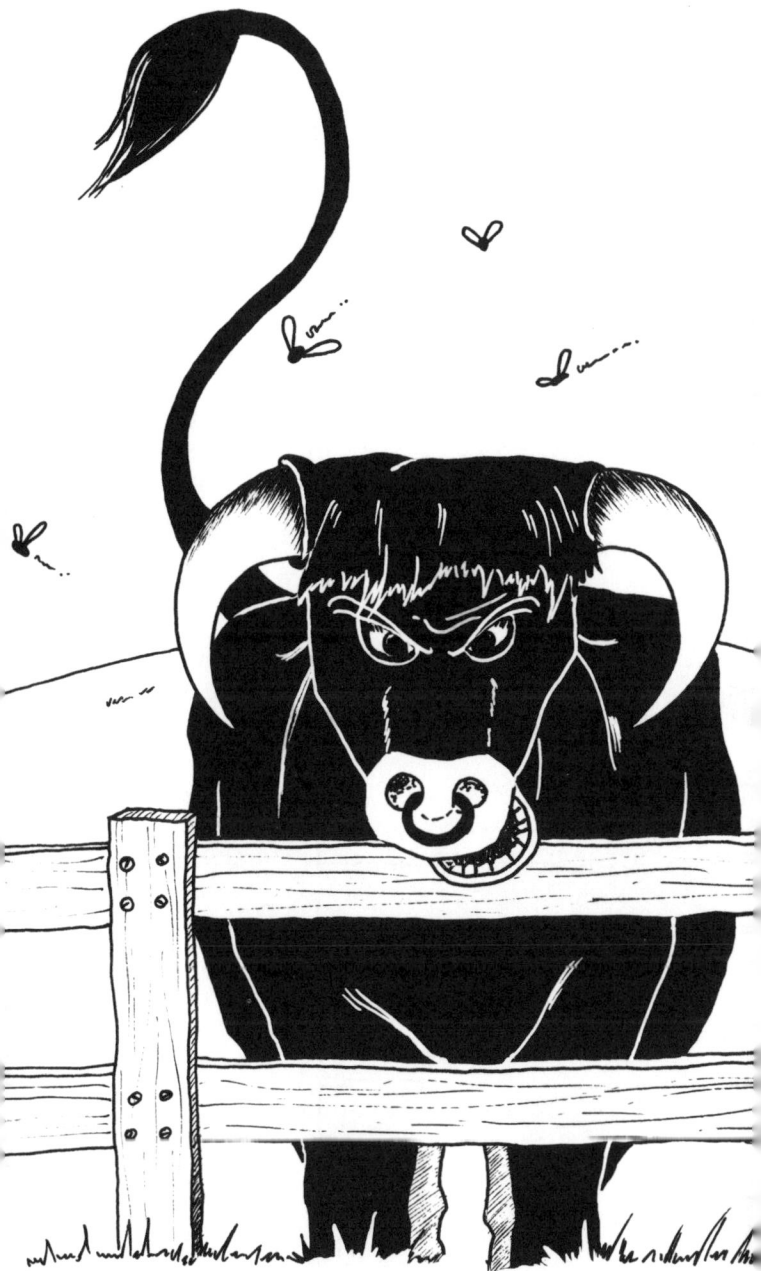

Mein, das heißt unser Ahnherr, der Vater
unseres Ururur- und so weiter Urgroßvaters,
war nämlich zur Zeit Christi Geburt in
diesem kleinen Stall in Bethlehem.
Die gewöhnliche Überlieferung behauptet
zwar:

... UND IN DEM STALL WAREN
EIN OCHS UND EIN ESEL.

Natürlich, ein Esel war da; aber unser großer,
geliebter Urahnherr war beileibe kein Ochse,
nein, er war der beste Zuchtstier des reichen
Simon aus Jerusalem.

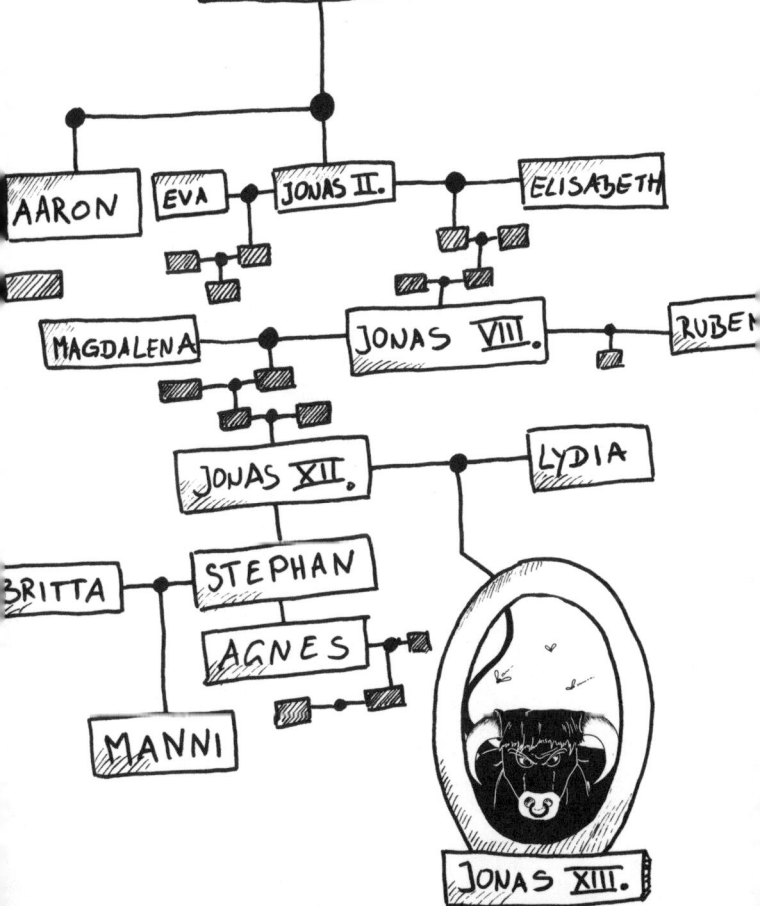

JONAS I.

AARON

EVA — JONAS II. — ELISABETH

MAGDALENA — JONAS VIII. — RUBEN

JONAS XII. — LYDIA

BRITTA — STEPHAN

AGNES

MANNI

JONAS XIII.

Er berichtete die **Wahrheit** über die
Nacht vom 24. auf den 25. Dezember im
Jahre minus eins seinem Sohn, dieser erzählte
sie weiter; und so ging es dann weiter,
bis mein Vater sie mir erzählte.
Wir Stiere sind sehr zurückhaltend und
verschwiegen, sonst hätte sicher schon einer
meiner Vorfahren das Geheimnis gelüftet.

Jetzt aber ist der Tag gekommen,

an dem man nicht mehr schweigen darf.

Die Welt soll wissen, muss wissen,

dass ohne ihn, unseren großen Urvater,

die behütete Geburt des Erlösers gar nicht

möglich gewesen wäre.

Sein bis heute geheim gehaltener Augenzeugenbericht wird endlich allen die Augen öffnen.

Ich will, so genau ich kann, erzählen, was unsere Stierchronik von jener Nacht und den folgenden Tagen zu berichten weiß:

Stierchronik

Die ganze Geschichte des Stiers

- Sammelband -

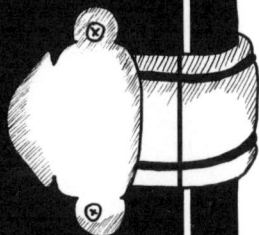

Der Bauer Johannes aus Nazareth hatte
den Herrn Simon aus Jerusalem gebeten,
mit seinem Zuchtstier nach Nazareth
zu kommen, weil der Bauer Johannes seine
Rinderzucht auffrischen wollte.
Also machte sich Herr Simon auf den Weg.
Da aber gerade zu dieser Zeit eine Volks-
zählung durchgeführt wurde und alle
Hauptstraßen ziemlich verstopft waren,
kamen der Herr Simon und sein
herrlicher Zuchtstier nicht besonders
schnell voran.

Es war so gegen sechs Uhr abends.
Der Wirt in der Herberge gab dem
Herrn Simon das letzte freie Bett.
Gern hätte Herr Simon seinen Stier mit
aufs Zimmer genommen, doch der Wirt
zeigte bedauernd auf das Schild:

TIERE IM ZIMMER
VERBOTEN

„Keine Ausnahme. Dein Zuchtbulle muss
leider im Stall übernachten."
Also brachte Herr Simon unseren Ahnherrn
zum Stall. Dort sah es stierunwürdig aus:

Kalt, kein Stroh, kein Wasser, es zog ent-
setzlich, und ein kleiner Esel stand frierend
in einer Ecke. Herr Simon regte sich so
sehr auf, dass dicke Adern auf seiner Stirn
schwollen, dann brüllte er nach dem Wirt.
Der kam gleich verschreckt angelaufen.
Herr Simon zeigte nur streng in den Stall
und befahl:

„HERRICHTEN
DASS

GUT
ÜBERNACHTEN

MEIN STIER KANN!"

Der Wirt steckte einen von Herrn Simons

blanken Silberlingen ein und machte sich

an die Arbeit.

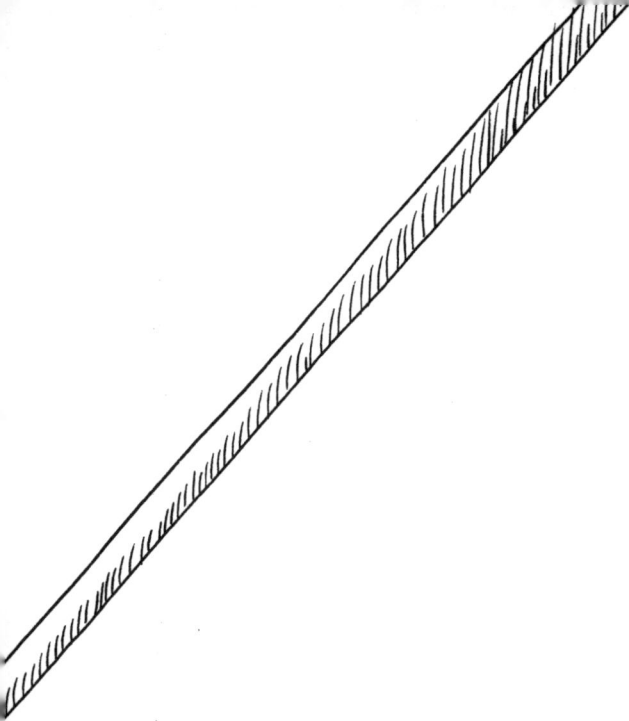

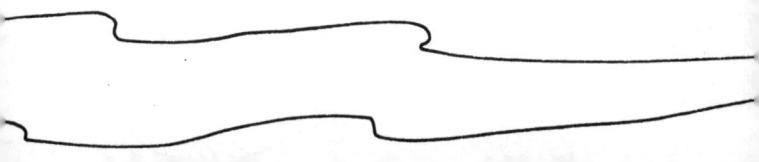

Ich habe gehört, dass später in dem Leben dieses Jesus sogar dreißig Silberlinge eine Rolle spielten. Ich weiß zwar nicht genau, was es damit auf sich hatte, trotzdem möchte ich an dieser Stelle ausdrücklich auf die Dreißig Silberlinge hinweisen.

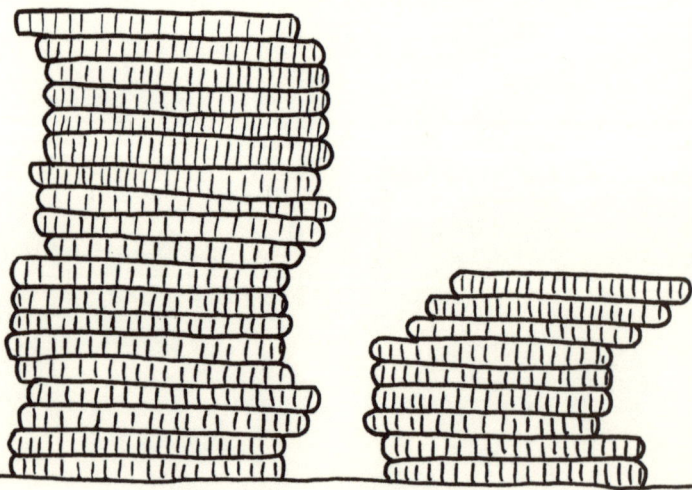

Auch sie wären in ihrer ganzen Bedeutung
sicher nie so richtig zur Geltung gekommen,
wenn es nicht meine Vorfahren und so reiche
Leute wie den Herrn Simon gegeben hätte.

Die Welt muss endlich begreifen, dass seit
dieser Nacht in Bethlehem immer einer von
unserer Art seine Hufe dazwischen hat.
Natürlich auch Ochsen, aber die waren ja
vor ihrem Unglückstag bekanntlich auch
mal Bullen.

Inzwischen hatte der Wirt den Stall in Ordnung gebracht. Gegen die Kälte brachte er sogar einen kleinen Ofen. Herr Simon nickte zufrieden, und mein göttlicher Ahnherr betrat den Stall. Es war eine wahre Pracht. In der Krippe war frisch duftendes Heu aufgeschüttet. In den Eimern stand kristallklares Wasser. Der Esel war höflich in einer Ecke angebunden und riss seine dummen Augen auf. Er hatte solch ein Nachtlager für einen Zuchtstier noch nie gesehen.

So begann die Nacht vom

*

24. auf den 25. Dezember.

Etwas später hörte mein Ahnherr Stimmen
vor der Stalltür. Der Wirt sprach hochnäsig
mit einem Mann, der ganz bescheidene
Antworten gab. Auch eine Frau redete,
aber nur ganz leise. Dann wurde die Stalltür
geöffnet.

Der Mann mit den bescheidenen Antworten
trug eine Laterne, und die Frau, die ganz
leise gesprochen hatte, kam hinterher.
Der Wirt schloss von außen die Tür.

Mein Urvaterstier sah wegen seiner langen Zuchterfahrung gleich, was los war.

Die Frau war schwanger. Als sie dann noch zu dem Mann sagte: „Joseph, ich glaube, jetzt ist es soweit", da machte sich unser Ahnherr bemerkbar.

Er schubste mit den Hörnern vorsichtig an die Krippe; und die Frau sagte mit ihrer leisen Stimme: „Sieh doch, Joseph, der herrliche Stier überlässt uns seine schöne Futterkrippe. Da werden wir das neugeborene Kind hineinlegen können."

Der Mann mit den bescheidenen Antworten antwortete bescheiden und glücklich: „Sieh nur, Maria, er macht Platz für dich auf seinem weichen Strohlager dort an jenem Ofen!"

Das war der Beginn der Heiligen Nacht.

Ich glaube, die Welt merkt es jetzt schon:
Ohne uns Stiere wäre es Maria kaum möglich
gewesen, ihr Kind zur Welt zu bringen.
Sie sagte noch zu ihrem Mann:
„Joseph, lieber Joseph, bitte stelle einen
Eimer mit kristallklarem Wasser auf den
Ofen. Das werde ich bald brauchen."

Wie es dann weiterging, konnte mein Ahnherr nicht so genau berichten. Denn er
hatte sich, natürlich nur aus Höflichkeit,
zur Wand gedreht; nicht etwa, weil er sich
gescheut hätte, Augenzeuge einer Geburt zu
werden. Im Übrigen war er etwas erschöpft.
Schließlich hatte er viel für die beiden
getan; er hatte auf die Krippe verzichtet,
sein Wasser, sein Lager, seinen Ofen;
man könnte bescheiden sagen: Er hatte
seinen Stall zur Verfügung gestellt.

Wie ich schon eingangs erwähnte, wir Stiere
verkörpern die Bescheidenheit schlechthin.
Nicht umsonst wurde einem Urvorfahren
unseres großen Ahnherrn ein jugendliches
Ebenbild aus Gold geschaffen.

Vor Begeisterung tanzte das ganze Volk um dieses Goldene Kalb herum. Soviel ich weiß, war es ein Jugenddenkmal jenes Urvorfahren, der schon als Bullenkalb Großes vollbracht hatte.

So gegen dreiundzwanzig Uhr dreißig
war das Kind endlich da. Es war ein Junge.
Der Kleine schrie gesund, und unser
Ahnherr konnte sich erleichtert wieder
umdrehen.

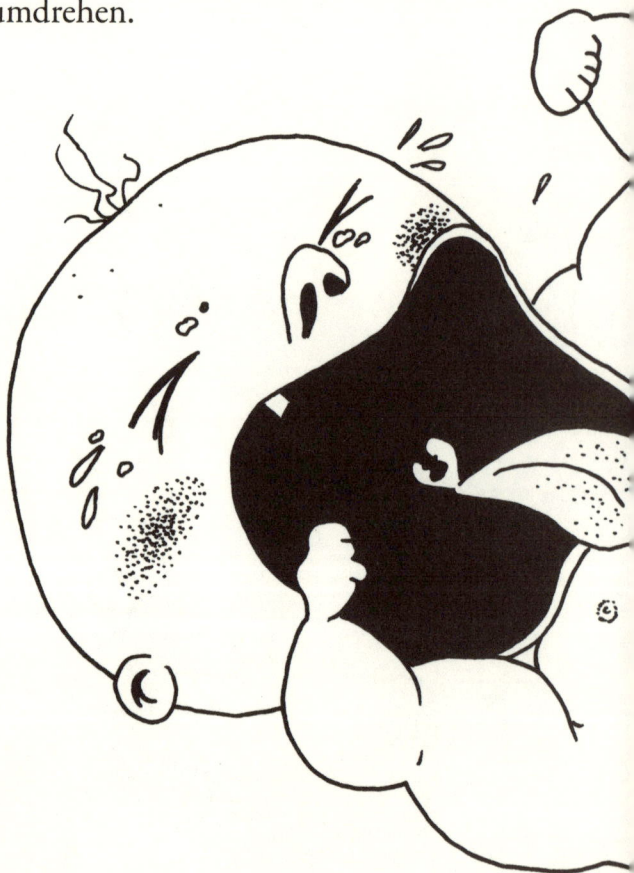

Diese Maria hatte das Kind schon in eine
Windel gewickelt und in die Krippe gelegt.

Dankbar schaute das Elternpaar auf
den herrlichen Stier. Joseph kam zu ihm
und tätschelte ehrfürchtig seinen Kopf,
direkt zwischen den Hörnern.
Genüsslich reckte sich unser Ahnherr, und
damit begann die eigentliche Weihnacht.
Das und nur das ist in jener Nacht geschehen.
Spätestens jetzt ist es offensichtlich, wie sehr
wir Stiere unseren Platz in der Geschichte
verdient haben.

Natürlich, irgendwann kamen noch diese Hirten. Völlig durcheinander waren die. Sie murmelten irgendwas von einem Heiland und von großer Freude. Angeblich soll ein Engel denen draußen auf dem Felde die Neuigkeit von der Geburt verkündet haben.

Stinkend nach Schafsmist drängelten sie
sich in den Stall, um das Kind zu sehen.
Unserem Ahnherrn waren diese
abgerissenen Kerle gar nicht recht, doch er
nahm Rückksicht auf die junge Familie.

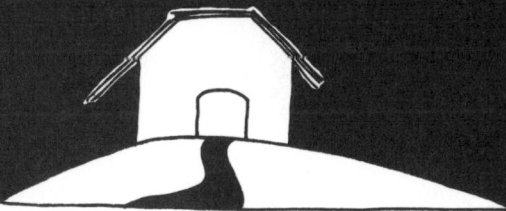

✳

Am nächsten Tag kamen so viele Neugierige,
dass der Herr Simon beschloss, noch nicht
weiter nach Nazareth zu ziehen. Er wollte
noch ein paar Tage in der Herberge bleiben,
bis er herausbekommen hatte, was es mit
dem kleinen Kind im Stall seines Stiers
auf sich hatte.

Den aber bewunderten alle Besucher
gebührend, natürlich schauten sie zuerst
auf das Kind, Kinder gehen ja vor,
dann aber bestaunten sie seine herrlichen
Hörner und sein edles Aussehen.

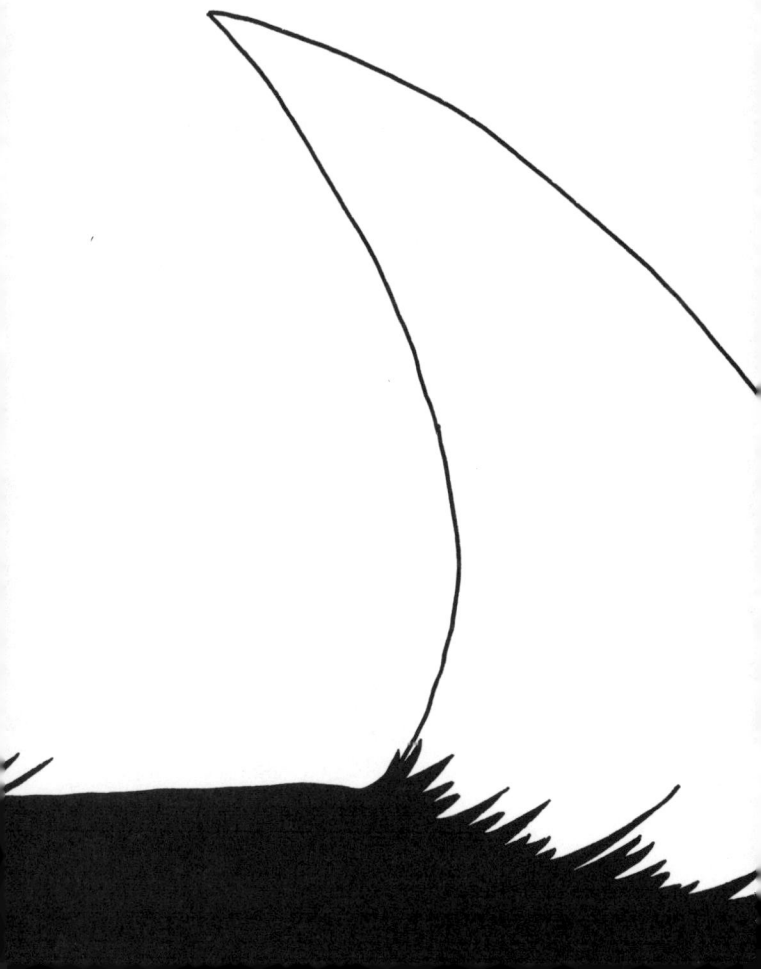

Ja, dann am sechsten Januar kamen auch
noch diese drei reichen Sterngucker.
Aus dem Mohrenland kamen sie, glaub ich,
oder irgendwo dahinten her aus so einer
gottverlassenen Gegend.

Die verbreiteten das Gerücht, dieser Kleine
da in der Krippe sei der König der Welt.
Jetzt ging der Rummel im Stall erst richtig los.
Alle kamen sie, vom Bürgermeister bis
zum Fellgerber, alle starrten ungläubig
auf den Jungen, und dann bewunderten
sie den Zuchtstier.

Auch mit der frommen Geschichte dieser
drei Sterngucker wäre es ohne uns Stiere
nicht so glatt weitergegangen. Ich muss
endlich mit der Wahrheit ans Licht.
Bekannt ist nur, dass später, als sie schon lange
tot waren, der raffinierte Kanzler von diesem
Kaiser Barbarossa, der Rainald von Dassel,
ihre Gebeine heimlich aus Mailand weg-
geschafft hat. Schön und gut. Aber wer hat
die Knochen über die Alpen geschleppt?

Drei Särge hat der feine Rainald bestimmt
nicht auf dem Arm getragen. Nein, es waren
die Buckel von zwei meiner tüchtigsten
Vorfahren. Ohne Rücksicht auf die eigene
Gesundheit stapften sie durch Schnee und Eis.
Überall lauerten Räuber und andere Spitz-
buben. Doch meine tapferen Urgroßvater-
stiere kannten keine Furcht.
Sie schafften die Heiligen sicher nach Köln.

Aber kein Wort der Dankbarkeit, bis heute nicht. Dabei weiß ich genau, das Geld, um den Dom so richtig stattlich aufzubauen, das haben die Kölner doch erst von den Gläubigen aus aller Welt einsammeln können, weil die Knochen der Sterngucker jetzt der Stadt gehörten.

Ja, den Gebeinen der Heiligen Drei Könige
haben sie im Kölner Dom ein feines Plätzchen
gegeben. Ganz vorn liegen sie da in ihrem
teuren Schrein.

Ich meine, der Kardinal sollte sich etwas besser um die Einfachen in seinem Sprengel kümmern und vor allem uns missachteten Stieren endlich zu unserm verdienten Ruhm verhelfen. Ja, wir sind bescheiden. Doch mal abgesehen von der längst fälligen Anerkennung unserer Art, wie dürftig sieht es im Kölner Dom denn heute immer noch aus? Erst wenn zwei prächtige Stiere aus echtem Gold rechts und links vor dem Sarg der drei Könige ihre edelsteinverzierten Hörner recken, erst dann ist der Dom vollständig eingerichtet. Die Kölner sollten aufhorchen.

Dieses offene Wort musste endlich mal gesagt werden.

Doch zurück zum Stall in Bethlehem.

Am Abend, als die drei reichen Sterngucker wieder weg waren, sagte Herr Simon: „Morgen früh ziehen wir weiter nach Nazareth!"

Mein Ahnherr nickte wissend. Er lockerte und spannte die kraftvollen Muskeln. Ihm war klar, dass dort in Nazareth die Arbeit erst richtig losgehen sollte. Schließlich musste er dem Bauern Johannes helfen, seine Rinderzucht aufzufrischen.

Mitten in dieser Nacht schreckte Joseph, der Mann mit den bescheidenen Antworten, aus dem Schlaf hoch und rüttelte seine Frau wach: „Maria, mir träumte, der König Herodes will unseren Sohn töten lassen. Ein Engel befahl mir, mit dir und dem Kind nach Ägypten zu fliehen. Komm, wir machen uns auf den Weg!"

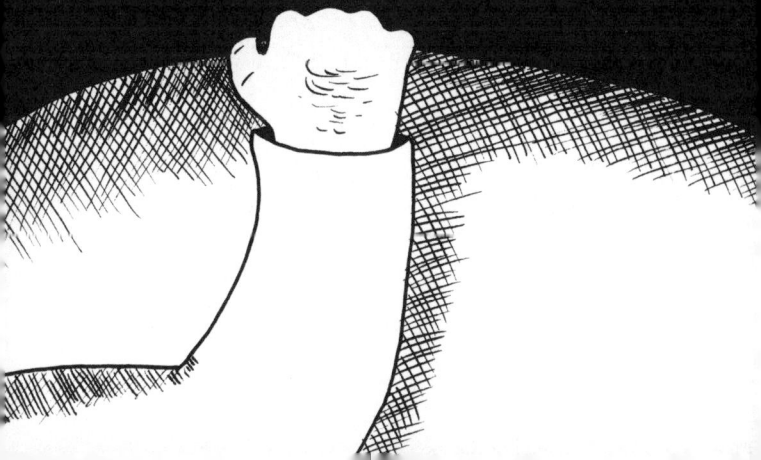

Die beiden standen schnell auf und wickelten den König der Welt in eine Wolldecke. Nun kam Joseph auf den herrlichen Stier zu. Er wollte ihm seine Frau und das Kind auf den Rücken setzen. Doch da musste unser Ahnherr natürlich ablehnen, allein schon aus Zuchtpflichtbewusstsein dem Bauern Johannes aus Nazareth gegenüber. Er konnte doch nicht einfach mit nach Ägypten fliehen und die Kühe in Nazareth im Stich lassen.

Der bescheidene Joseph verstand das auch
gleich und sattelte den kleinen Esel. Der ließ
den schönen Stall im Stich und trottete
mit den dreien los. Jeder wird das Verhalten
meines Ahnherrn verstehen. Wer außer
ihm hätte sonst von seinen Ruhmestaten
während der Weihnacht und den Tagen
danach berichten können?

Am nächsten Morgen wurde die Tür des
Stalls aufgerissen, und einer der Legionäre des
Königs Herodes stand drohend im Eingang.
Ohne Rücksicht auf den wohlverdienten
Schlaf meines Ahnherrn schrie er nach
dem Kind und hörte nicht auf zu schreien.
Er fuchtelte mit dem Schwert, dabei wedelte
sein hässlicher roter Mantel.

Bekanntlich können wir Bullen zwei Sachen
überhaupt nicht ausstehen, Lärm und so ein
ekelhaft rotes Tuch. Unser Urvater scharrte
mit den Vorderhufen, schnaubte und stampfte
auf den Störenfried los. Der sprang erschreckt
zur Seite und kratzte aus Versehen mit der
Schwertspitze den edlen Rücken meines
Vorfahren.

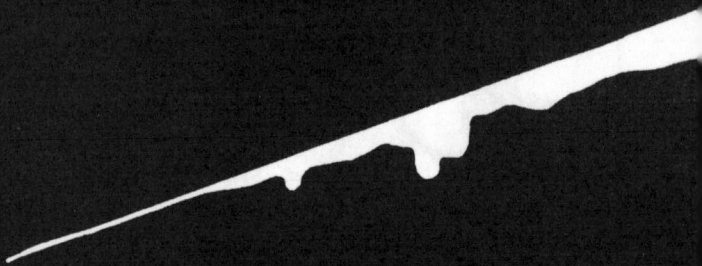

zu viel!

Mitten im Hof warf er sich herum,
senkte das Haupt und stürmte wieder
auf den Legionär zu. Um ein Haar
verfehlten die Hörner die Hosen
des Schreihalses, aber dafür stießen
sie in den Mantel.

Mein Ahnherr sah rot. Voll gerechtem
Zorn griff er sofort wieder an, Staub wirbelte
unter seinen Hufen, und er jagte den
Legionär im Hof herum.

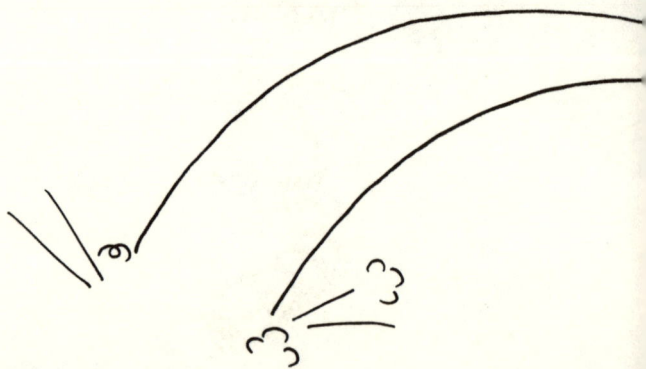

Der sprang nach rechts, ...

... nach links ...

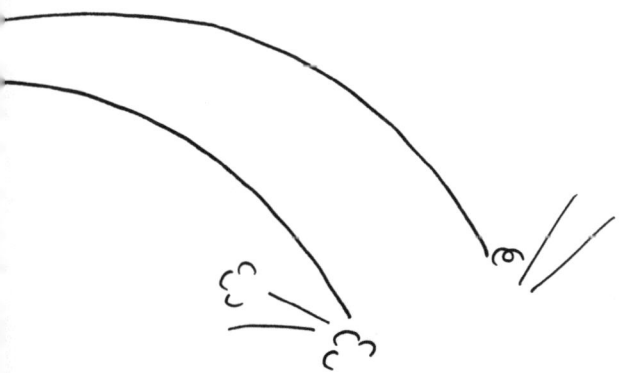

... und **brüllte** um sein Leben.

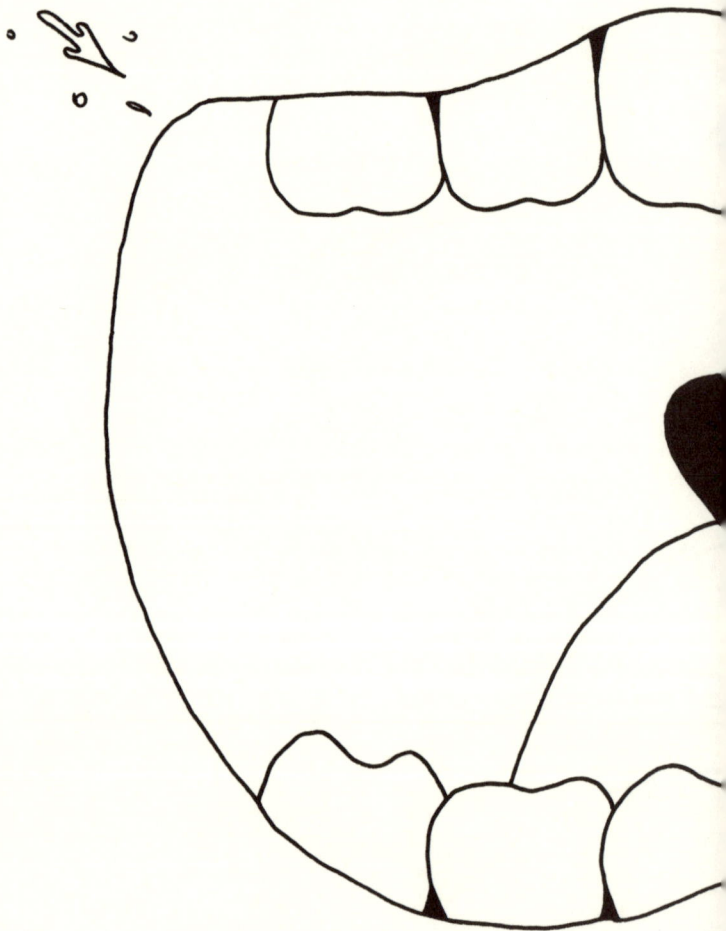

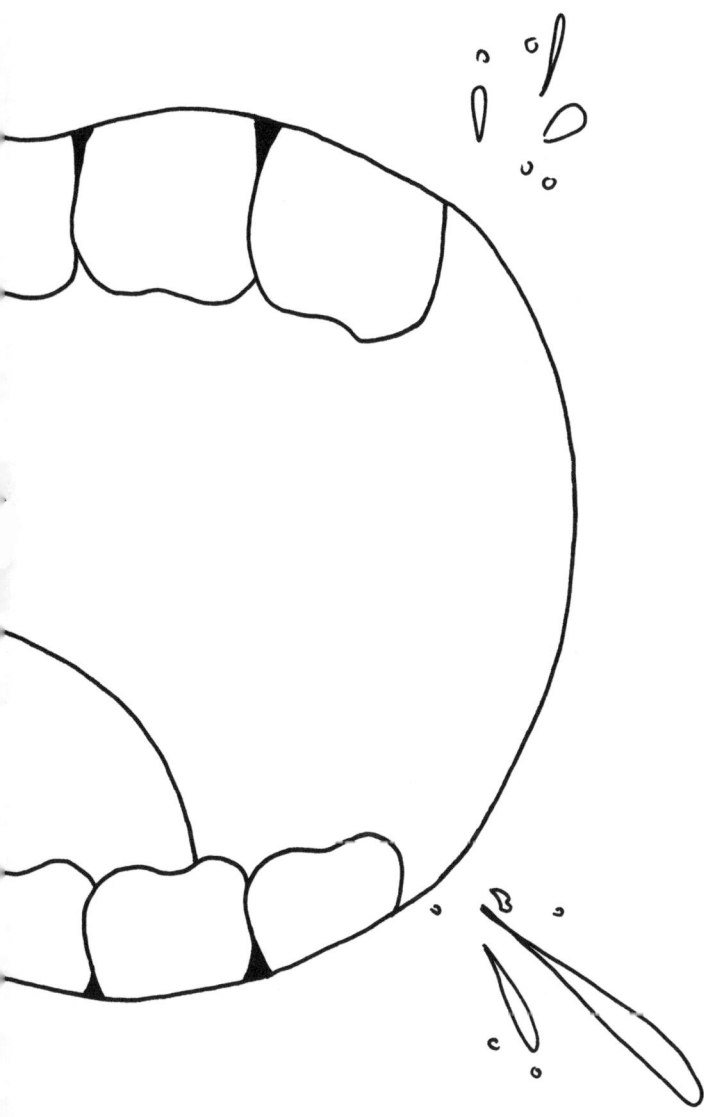

Inzwischen hatten sich viele Schaulustige hinter dem Zaun eingefunden. Sie reckten die Hälse. Mit lauten Rufen feuerten sie unsern kühnen Vorfahren an. Nur der Herr Simon rang verzweifelt die Hände. Er hatte natürlich Angst um seinen besten Zuchtstier.

Doch mein Urvater war Herr der Lage. Gerade wollte er den Legionär mitsamt seinem roten Mantel aufspießen, da gelang es dem Kerl im letzten Augenblick irgendwie den Hofausgang der Herberge zu erreichen und schnell das Tor zu schließen. Damit war der Kampf beendet.

Die Leute von Bethlehem

klatschten und jubelten.

Zugabe!

JAAAAA!

Auch hier sollte die Welt aufmerken.

Unser Ahnherr hat heldenmütig das Leben des Königs der Welt gerettet und auch noch den Stierkampf erfunden. Es stimmt nicht, dass erst viel später in diesem Ronda der erste Stierkampf stattfand.

Sicher, da unten in Spanien wurde der Stier hinterrücks umgebracht.

Aber ist das ein echter Stierkampf?

Nein. In einem fairen Kampf muss der Stier selbstverständlich der Sieger bleiben. Nur wenige begreifen das.

Damals auf dem Hof der Herberge in Bethlehem wurde unser Ahnherr begeistert gefeiert. Nur Herr Simon schrie, noch immer vor Angst zitternd:

„DU

HORN

oc

HSE!"

Doch, als er den gekränkten Blick unseres
Urvaterstiers sah, da verkniff er sich,
dieses gemeine Schimpfwort zu wiederholen.

Dies alles ist wirklich Weihnachten
geschehen, aber die Welt hat es vergessen.
Nur eins hat sie leider seit damals
übernommen, dieses bösartige und
ungerechte Schimpfwort:

„Du Hornochse!"

*Mehr als 2000 Jahre nach diesen
Ereignissen war die Zeit gekommen,
das Schweigen zu brechen:*

KÖLNE[R

EIN STIER

WAS AM HEILIGEN
MINUS EINS WIRK[

ADTRUNDSCHAU

FOTOGRAF: KARLA BLITZEFINGER

Tilman Röhrig

Tilman Röhrig wurde 1945 in Hennweiler/Hunsrück als drittes von fünf Kindern einer evangelischen Pfarrersfamilie geboren.

Nach seiner Ausbildung zum Schauspieler und Engagements an mehreren deutschen Bühnen arbeitet er seit 1973 als **freier Schriftsteller, Film-, Funk- und Fernsehautor.**

Als Referent ist er an Schulen, Volkshochschulen, Universitäten und anderen Bildungseinrichtungen tätig. Mit seinen Büchern begeistert er jugendliche und erwachsene Leser gleichermaßen; viele seiner Werke sind **Bestseller** und wurden übersetzt ins Englische, Holländische, Spanische, Dänische, Schwedische, Finnische, Isländische, Japanische und Kroatische.

Für sein literarisches Schaffen wurden ihm zahlreiche Auszeichnungen, unter anderem der **Große Kulturpreis NRW,** verliehen.

Tilman Röhrig lebt in der Nähe von Köln.

Sameena Jehanzeb

Sameena Jehanzeb wurde 1981 in Bonn-Bad Godesberg
als Kind deutsch-pakistanischer Elternteile geboren.
Aufgewachsen in Sankt Augustin studierte sie **Grafik-/
Kommunikationsdesign** mit den Schwerpunkten
Malerei und Illustration an der Rhein-Sieg-Akademie
für Realistische Bildende Kunst und Design in Hennef.

Bereits während ihres Studiums begann sie als freie
Illustratorin und Grafikerin Grußkarten, Karnevals-
flaggen und Werbefiguren zu illustrieren.
Sie nahm währenddessen an verschiedenen Kunstaus-
stellungen teil. Nach ihrem Studienabschluss mit einem
selbstverfassten Fantasy-Roman und dazugehörigen
Illustrationen, für die sie besondere **Auszeichnungen**
erhielt, zog sie nach Leverkusen. Dort lebt und arbeitet
sie seit 2006 als freiberufliche Grafikerin und Illustratorin für Agenturen, Unternehmen und Verlage.